*Dios bajo la lupa: pruebas
científicas del código divino*

colección
TABLA
ESMERALDA

La Colección Tabla Esmeralda es mucho más que una serie de libros: es una invitación a descubrir tu poder interior y a explorar los secretos más ocultos del universo. A través de una selección exquisita de obras emblemáticas en los campos del esoterismo, la autoayuda y el pensamiento espiritual, esta colección está pensada para aquellos que buscan expandir su conciencia y comprender los misterios que han fascinado a la humanidad desde tiempos ancestrales.

Cada libro te guiará en un viaje profundo hacia el conocimiento místico y el desarrollo personal, ayudándote a desentrañar los enigmas que rodean la existencia humana y a conectar con el poder transformador de la mente y el alma. Si sientes el llamado de lo desconocido, si anhelas descubrir verdades ocultas y elevar tu ser a nuevas dimensiones, la Colección Tabla Esmeralda es el compañero perfecto en tu búsqueda espiritual.

R.S. LEWIS

Dios bajo la Lupa

PRUEBAS CIENTÍFICAS DEL CÓDIGO DIVINO

ALCARAZ
EDICIONES

© Alcaraz Ediciones, 2025

© R.S. Lewis, 2025

Mare Nostrum, 44
46420 – El Perelló
Sueca, Valencia
Teléf.: (+34) 910 46 54 33
e-mail: info@ alcarazediciones.es
https://alcarazediciones.es

I.S.B.N.: 979-13-87586-34-8
Depósito Legal: V-1361-2025

Diseño y maquetación: Iván García Molinero
Printed in Spain / Impreso en España

ÍNDICE

PRÓLOGO

¿Por qué explorar a Dios desde la ciencia?

Desde que tengo memoria he sentido una profunda fascinación por los misterios del universo. Ya sea contemplando un cielo estrellado, observando la vastedad del cosmos o explorando los intrincados detalles de la vida microscópica, siempre he encontrado en la naturaleza una mezcla perfecta de complejidad y orden. Sin embargo, también he vivido en un mundo que parece estar dividido entre la fe y la ciencia, dos disciplinas que muchas veces se presentan como irreconciliables. Este libro nace del deseo de tender un puente entre estos dos universos y de invitar al lector a reflexionar sobre una pregunta fundamental: ¿Es posible encontrar a Dios en las leyes que rigen el cosmos?

En mi búsqueda, he descubierto que no soy el único que se plantea esta cuestión. Grandes pensadores como Albert Einstein,

Isaac Newton y Francis Collins también han explorado la relación entre lo divino y lo natural. Einstein, por ejemplo, dijo una vez: "Quiero saber cómo Dios creó este mundo. No me interesan los fenómenos, ni el espectro de este o aquel elemento. Quiero conocer sus pensamientos, lo demás son detalles". Para Isaac Newton, las leyes del movimiento y la gravedad eran una manifestación directa de un creador omnipotente. En épocas más recientes, Francis Collins, reconocido líder del Proyecto Genoma Humano, describe la investigación científica como un acto de adoración, afirmando que el ADN es "una forma de lenguaje divino".

Esta inquietud, compartida por mentes brillantes de todas las épocas, es la que me impulsa a examinar si las pruebas de un diseño divino pueden encontrarse en el lenguaje de la ciencia. Asimismo, el avance exponencial del conocimiento científico nos permite explorar preguntas que antes eran exclusivamente filosóficas o teológicas: ¿Es el ajuste detallado del universo evidencia de un diseñador? ¿Qué nos dice la complejidad del ADN sobre nuestro origen? ¿Pueden las leyes físicas revelar algo sobre la intención de un creador o podrían ser cosa del azar?

Este libro no pretende imponer verdades absolutas, sino ofrecer una perspectiva enriquecedora que invite al diálogo y al pensamiento crítico. En un tiempo donde la tecnología y el conocimiento científico avanzan a pasos agigantados, resulta más relevante que nunca plantearnos preguntas sobre el significado de nuestra existencia y el posible papel de un creador. Como dijo John Polkinghorne: "La ciencia responde al cómo, pero la religión responde al por qué".

La eterna pregunta: ¿Es posible encontrar pruebas de lo divino?

La pregunta sobre la existencia de Dios ha sido un tema recurrente en la historia de la humanidad. Desde los albores de la filosofía hasta las investigaciones científicas más modernas, esta cuestión ha inspirado tanto a creyentes como a escépticos. Para los primeros, las maravillas del universo son evidencia irrefutable de un diseñador inteligente; para los segundos, la ciencia explica el orden sin necesidad de un creador.

Sin embargo, la ciencia, lejos de eliminar a Dios de la ecuación, nos plantea nuevas preguntas que desafían los límites de nuestra comprensión. Por ejemplo, el ajuste excepcional de las constantes universales —la velocidad de la luz, la constante gravitacional, la carga del electrón— parece indicar que el universo está calibrado de manera precisa para permitir la vida. Como señala Paul Davies en *The Goldilocks Enigma*: "El universo parece haber sabido que veníamos". La probabilidad de que estas constantes se hayan alineado por azar es extraordinariamente pequeña, lo que lleva a algunos científicos y filósofos a considerar la posibilidad de un diseño deliberado detrás del cual podría estar ese ente que llamamos Dios.

En el campo de la biología, la complejidad del ADN plantea otra cuestión fascinante: ¿Cómo puede un código tan complejo, con instrucciones precisas para la vida, surgir por azar? Francis Collins describe el ADN como "la lengua en la que Dios creó la vida", una afirmación que resuena con quienes ven en la estructura molecular de la vida una evidencia de intención. Además, la biología evolutiva plantea interrogantes profundos sobre cómo la selección natural pudo haber generado estructuras de tal sofisticación.

El objetivo de este libro es examinar estas y otras preguntas desde un enfoque riguroso y accesible para todos los lectores y públicos. Analizaremos teorías científicas, argumentos filosóficos y descubrimientos recientes que podrían proporcionar pistas sobre la existencia de un código divino en el universo. Al hacerlo, exploraremos no solo las maravillas del cosmos y la vida, sino también los límites de lo que la ciencia puede explicar.

Fe y razón: una aproximación moderna a un viejo debate

La relación entre fe y razón ha sido objeto de intensos debates a lo largo de la historia. Durante siglos, la religión fue considerada la fuente única de conocimiento, pero con la llegada de la Revolución Científica, la razón y la observación empírica comenzaron a ocupar un lugar central. Este cambio, lejos de resolver el debate, generó una división que persiste hasta hoy.

Sin embargo, no todos los pensadores han visto esta relación como conflictiva. Tomás de Aquino, en su *Suma Teológica,* argumentó que la fe y la razón son complementarias. Para él la razón nos permite comprender el mundo natural, mientras que la fe nos lleva más allá de lo que podemos ver. Más recientemente, John Polkinghorne, físico y teólogo, afirmó que "la ciencia y la religión son dos ventanas a la misma realidad". De manera similar, el Papa Juan Pablo II escribió en *Fides et Ratio* que "la fe y la razón son como dos alas con las que el espíritu humano se eleva hacia la verdad".

Stephen Hawking también exploró los límites entre la fe y la razón. En su obra *El gran diseño*, argumentó que las leyes del universo podrían ser suficientes para explicar su existencia sin recurrir a una deidad. Sin embargo, otros científicos como Roger Penrose han resaltado la eficacia y precisión matemática y el orden únicos del cosmos como posibles indicadores de una inteligencia superior. La cuestión de si estas leyes son una coincidencia ciega o un reflejo de un plan subyacente sigue siendo objeto de debate.

En este libro, adoptaremos una perspectiva moderna que busca reconciliar ambas dimensiones. No se trata de diluir la ciencia en la religión ni de reducir la fe a explicaciones científicas, sino de explorar cómo ambas pueden enriquecerse mutuamente. A través de esta aproximación, esperamos aportar una nueva luz sobre una de las preguntas más antiguas y fundamentales de la humanidad.

PARTE I: EL UNIVERSO Y SU ORIGEN

Capítulo 1: El enigma del Big Bang

1.1 El inicio del tiempo: ¿Qué nos dice la cosmología moderna?

El concepto del Big Bang, introducido por Georges Lemaître en la década de 1920, marcó un hito en nuestra comprensión del universo y su origen. Antes de este evento, no existía el tiempo ni el espacio tal como los conocemos. La cosmología moderna describe este inicio como una singularidad: un punto de densidad infinita donde todas las leyes de la física se desmoronan.

Las observaciones de Edwin Hubble, quien descubrió que las galaxias se alejan unas de otras, proporcionaron evidencia clave de la expansión del universo. Este descubrimiento, junto con la radiación de fondo de microondas detectada por Arno Penzias y Robert Wilson en 1964, consolidó el modelo del Big Bang como la teoría dominante sobre el origen del cosmos. Adicionalmente, la observación de la estructura a gran escala del universo ha permitido validar cómo las fluctuaciones cuánticas en los primeros instantes evolucionaron hasta formar galaxias y sistemas planetarios.

Hoy en día, la cosmología moderna sigue explorando los primeros instantes del universo, conocido como la "era de Planck". Durante esta fracción de tiempo inimaginablemente breve, todas las fuerzas fundamentales de la naturaleza estaban unificadas. Comprender este periodo requiere teorías que integren la gravedad cuántica, un objetivo aún por alcanzar en física teórica.

Los avances en telescopios espaciales como el James Webb y la detección de ondas gravitacionales nos acercan cada vez más a comprender cómo emergió el tiempo y el espacio de esta singularidad inicial. Stephen Hawking afirmó que "comprender el origen del universo es acercarnos a conocer la mente de Dios", destacando la importancia filosófica de esta investigación científica.

1.2 La expansión del universo y la evidencia del Big Bang

El descubrimiento de la expansión del universo cambió para siempre la forma en que entendemos nuestra existencia. Edwin Hubble demostró que las galaxias muestran un desplazamiento hacia el rojo en sus espectros, indicando que se alejan unas de otras. Este fenómeno, conocido como la ley de Hubble, es una evidencia directa de que el universo está en constante crecimiento. Este hallazgo también sugiere que, en el pasado remoto, toda la materia y energía del cosmos estaban concentradas en un volumen extremadamente pequeño desde dónde se produjo esta expansión.

La teoría del Big Bang también encuentra apoyo en la radiación de fondo de microondas, un eco térmico del propio nacimiento del universo. Este descubrimiento, que valió un Premio Nobel a Penzias y Wilson, revela la huella del momento en que el universo se enfrió lo suficiente como para permitir la formación de átomos. Las mediciones realizadas por sondas espaciales como COBE, WMAP y Planck han confirmado con increíble precisión las características de esta radiación, proporcionando un "mapa" del universo primitivo.

Otro respaldo a la teoría proviene de la nucleosíntesis primordial, que explica las proporciones de elementos ligeros como el hidrógeno, helio y litio observados en el cosmos. Estas proporciones coinciden con las predicciones realizadas por el modelo del Big Bang, lo que refuerza su validez. Además, la distribución y densidad de materia oscura, aunque aún un enigma, parecen encajar dentro del marco de la expansión cósmica acelerada.

Martin Rees, en su libro *Just Six Numbers*, destaca cómo ciertos valores fundamentales en el universo parecen estar ajustados con una precisión extrema para permitir la existencia de la vida. Esta idea sugiere que pequeñas variaciones en estos parámetros habrían resultado en un universo incapaz de albergar galaxias, estrellas o planetas, una reflexión que plantea la posibilidad de un diseño subyacente.

1.3 Causalidad y primera causa: ¿Qué había antes del Big Bang?

La pregunta sobre qué existía antes del Big Bang es una de las más profundas y desconcertantes de la ciencia. Dado que el tiempo y el espacio comenzaron con este evento, hablar de un "antes" puede carecer de sentido desde un punto de vista físico. Sin embargo, los científicos y filósofos han explorado varias posibilidades.

Stephen Hawking propuso que el tiempo podría ser finito, pero sin un principio definido; comparable a una superficie esferoidal sin bordes. Esta idea, conocida como el modelo sin límites, elimina la necesidad de un "comienzo" absoluto, planteando un universo autosuficiente. Otras teorías, como el modelo del multiverso, sugieren que nuestro Big Bang es solo uno de innumerables eventos similares en un sistema más amplio, donde las leyes físicas podrían variar entre universos.

Desde la filosofía, el argumento de la primera causa, propuesto por Tomás de Aquino, sostiene que debe haber algo que haya puesto en marcha la cadena de causas y efectos que observamos. Algunos consideran que esta causa primera podría ser Dios, mientras que otros buscan respuestas dentro del marco científico más puro o desde teorías eminentemente materialistas. Roger Penrose, por ejemplo, ha explorado modelos cíclicos del universo que desafían la idea de un principio absoluto, planteando la posibilidad de un universo eterno donde cada ciclo da origen al siguiente.

Paul Davies afirma que "si el universo tiene un propósito, encontrarlo requiere tanto la investigación científica como la reflexión filosófica". En esta línea, algunos físicos han sugerido que las leyes del universo podrían ser intrínsecamente creativas, permitiendo la emergencia espontánea de estructuras complejas. La cuestión sigue abierta, pero cada avance en cosmología nos lleva más cerca de comprender los misterios de nuestro origen y las posibles implicaciones de un creador o una fuerza subyacente que haya motivado el comienzo del universo y de la vida en el cosmos.

Capítulo 2: La precisión del cosmos

El universo en el que habitamos no solo es vasto y complejo, sino que está estructurado con una precisión que rosa lo inverosímil. Las leyes fundamentales y constantes universales que lo rigen parecen haber sido calibradas con exactitud para permitir la existencia de vida. Este fino ajuste ha provocado intensos debates entre científicos, filósofos y teólogos, quienes se enfrentan a preguntas esenciales sobre el azar, la necesidad y el diseño. El cosmos se asemeja a la maquinaria de un reloj perfectamente sincronizado, lo que nos invita a reflexionar sobre la naturaleza y el origen de este orden. En este capítulo exploraremos tres aspectos fundamentales de esta precisión: las constantes universales, la estabilidad de las leyes físicas y el principio antrópico.

2.1 Las constantes universales: un ajuste fino que desafía al azar

Las constantes universales son los valores inmutables que definen cómo funciona el universo. Entre ellas destacan la constante gravitacional ("G"), la velocidad de la luz ("c") y la constante de Planck ("h"). Estos parámetros no son aleatorios; al contrario, están tan ajustados que incluso una mínima alteración en sus valores podría haber hecho el universo hostil para la vida.

Un caso paradigmático es la constante gravitacional. Si esto fuera apenas un poco mayor, la gravedad habría colapsado el universo antes de que se formaran las estrellas. Si fuera menor, las galaxias no habrían tenido suficiente cohesión. De igual forma, la constante cosmológica (Λ), que describe la densidad de energía del vacío, muestra una precisión extraordinaria. Según él físico Stephen Hawking, una variación infinitesimal en este valor habría llevado a un universo incapaz de expandirse de manera adecuada, haciendo imposible la formación de estructuras como galaxias y sistemas solares.

La proporción entre las fuerzas fundamentales es otro ejemplo revelador. Si la fuerza nuclear fuerte fuera ligeramente más débil, los protones no podrían unirse en núcleos, y elementos como el carbono o el oxígeno nunca se habrían formado. Martin Rees lo resumió de manera contundente: "El universo parece estar diseñado para permitir no solo la existencia, sino también la complejidad necesaria para la vida" (*Just Six Numbers*, 1999).

El ajuste fino se manifiesta incluso en el desequilibrio entre materia y antimateria en los primeros instantes del universo. Este nivel de desequilibrio permitió la existencia de materia suficiente para formar galaxias y planetas. Estos detalles nos confrontan con una incógnita: ¿cómo es posible que todas estas constantes estén ajustadas con tal precisión?

2.2 ¿Por qué las leyes físicas son estables y predecibles?

Otra característica notable del universo es la estabilidad de sus leyes físicas, lo que permite la formación y desarrollo de estructuras complejas. Sin esta consistencia, el cosmos sería un caos impredecible, incompatible con la vida y el entendimiento humano.

El principio de invariancia temporal, descubierto por Emmy Noether en 1918, garantiza que las leyes físicas no cambiarán con el tiempo. Esto asegura que principios como las leyes de Newton, las ecuaciones de Maxwell o la teoría de la relatividad general sean válidas en cualquier época y lugar. Sin este principio, sería imposible predecir fenómenos como las trayectorias de los planetas o el comportamiento de las partículas subatómicas.

Por ejemplo, la estabilidad de la carga del electrón (e) ha sido confirmada en múltiples experimentos. Si esta carga fluctuara mínimamente, los átomos se desintegrarían y las moléculas, base de la química orgánica, no podrían formarse. De manera similar, la constante del Hubble, que mide la velocidad de expansión del universo, permanece asombrosamente constante a gran escala, permitiendo que las galaxias se mantengan en equilibrio dinámico.

Fred Hoyle destacó la importancia de la estabilidad en los niveles de resonancia del carbono para la existencia de vida. Según él: "Si los niveles de resonancia eran ligeramente diferentes, el carbono, esencial para la vida, no existiría" (*A Different Approach to Cosmology*, 2000).

Esta estabilidad es clave para que las reacciones nucleares en las estrellas generen elementos esenciales y proporcionen energía de manera constante durante millas de millones de años. Este orden cósmico, predecible y confiable, plantea una pregunta intrigante: ¿es resultado del azar, o apunta hacia un diseño deliberado?

2.3 El principio antrópico: ¿un universo diseñado para la vida?

El principio antrópico sostiene que las propiedades del universo parecen estar ajustadas para permitir la existencia de observadores conscientes. Este principio tiene dos interpretaciones principales: una versión sostiene que el universo debe ser compatible con la vida porque nosotros estamos aquí para observarlo, mientras que la otra versión plantea que el universo necesariamente conduce a la vida, como si este fuera su propósito inherente.

Un ejemplo emblemático es la "zona habitable" en la que se encuentra la Tierra, donde las condiciones permiten la existencia de agua líquida, esencial para los seres vivos. Si nuestro planeta estuviera un 5% más cerca o un 10% más lejos del Sol, las temperaturas extremas harían imposible la existencia de vida tal como la conocemos. Según Paul Davies: "La impresión de diseño en el universo es difícil de ignorar" (*The Goldilocks Enigma*, 2006).

Este ajuste se extiende a la química estelar. Las estrellas generan carbono, el elemento base de la vida, a través de un delicado proceso de fusión que depende de constantes universales precisas. Fred Hoyle, al reflexionar sobre este fenómeno, afirmó: "El universo parece haber sabido que la vida estaba en camino" (*Un enfoque diferente a la cosmología*, 2000).

El principio antrópico plantea cuestiones profundas sobre la naturaleza del cosmos. Algunos científicos, como Richard Dawkins, argumentan que las explicaciones naturalistas pueden eventualmente resolver estos misterios, mientras que otros, como Paul Davies, sugieren que la impresión de diseño no puede ser descartada tan fácilmente.

La precisión del cosmos abre puertas a preguntas fundamentales sobre su origen y propósito. ¿Es este ajuste el producto de un azar extraordinario, o evidencia de un diseño intencionado? Este capítulo no solo nos invita a reflexionar sobre las maravillas del universo, sino que también nos acerca a una encrucijada donde la ciencia, la filosofía y la espiritualidad se encuentran para explorar el mayor misterio de todos: ¿por qué estamos aquí?

Capítulo 3: La evolución del universo

El universo, desde su origen en el Big Bang, ha transitado un camino de evolución extraordinaria, donde fuerzas fundamentales y procesos naturales han dado lugar a las galaxias, estrellas y planetas que forman el cosmos observable. Este capítulo explora tres aspectos esenciales de esta evolución: la formación de estructuras cósmicas, los misterios de los agujeros negros y la energía oscura, y las implicaciones del multiverso en nuestra comprensión de la realidad.

3.1 Formación de galaxias, estrellas y planetas: la armonía cósmica

Desde sus primeros instantes, el universo comenzó a organizarse bajo la influencia de la gravedad. Lo que comenzó como una sopa de partículas y energía tras el Big Bang evolucionó hacia estructuras de impresionante complejidad y belleza. Este proceso de formación cósmica resalta una aparente "armonía" que ha sido fundamental para la existencia de la vida.

Las estrellas, los bloques de construcción del cosmos, nacen en nebulosas, vastas nubes de gas y polvo que actúan como viveros estelares. La fuerza gravitatoria concentra el material en núcleos densos llamados protoestrellas, donde la presión y la temperatura eventualmente desencadenan la fusión nuclear. Este proceso no solo da vida a las estrellas, sino que produce elementos como el carbono y el oxígeno, esenciales para la vida. Las explosiones de supernova, al final del ciclo vital de estrellas masivas, dispersan estos elementos en el espacio, enriqueciendo el medio interesante para la formación de nuevas generaciones de estrellas y planetas.

Las galaxias, por su parte, son las estructuras que albergan a estas estrellas. Surgen de fluctuaciones de densidad en el universo primitivo, y su formación y evolución están moldeadas por la interacción gravitatoria. Colisiones y fusiones entre galaxias juegan un papel clave en la configuración de estas estructuras, mostrando una interdependencia fascinante entre caos y orden. Dentro de las galaxias, los sistemas planetarios se forman a partir de discos protoplanetarios que rodean a estrellas jóvenes. Este proceso permite la formación de planetas con composiciones diversas, algunos de los cuales pueden reunir las condiciones necesarias para la vida.

La armonía cósmica se manifiesta en la interrelación de estos procesos. Cada estrella que muere proporciona los ingredientes para nuevos mundos, y cada galaxia sirve como cuna para millas de millones de sistemas estelares. Es un equilibrio que parece diseñado para fomentar la diversidad y la complejidad, desde las moléculas básicas hasta la vida consciente.

3.2 Agujeros negros y energía oscura: misterios aún por resolver

Los agujeros negros y la energía oscura son dos de los mayores enigmas del cosmos, y su estudio podría revolucionar nuestra comprensión del universo. Los agujeros negros son regiones del espacio donde la gravedad es tan intensa que nada, ni siquiera la luz, puede escapar. Se forman cuando estrellas masivas agotan su combustible nuclear y colapsan bajo su propia gravedad. Aunque inicialmente fueron una predicción teórica de la relatividad general de Einstein, hoy se han confirmado mediante observaciones directas, como las realizadas por el Telescopio del Horizonte de Sucesos en 2019.

Estos objetos extremos desempeñan un papel crucial en la evolución de las galaxias. Los agujeros negros supermasivos, presentes en el centro de muchas galaxias, influyen en la dinámica y distribución de materia mediante procesos como los chorros relativistas y la acreción de gas. Además, sus campos gravitatorios generan ondas gravitacionales detectables, lo que abre nuevas vías para estudiar el cosmos.

Por otro lado, la energía oscura, que representa aproximadamente el 68% del contenido del universo, es una fuerza misteriosa que acelera la expansión cósmica. Su descubrimiento, basado en la observación de supernovas distantes a finales del siglo XX, desafió las teorías existentes y planteó preguntas fundamentales sobre la naturaleza del espacio-tiempo. Aunque se especula que podría estar relacionado con el vacío cuántico, su origen y mecanismo siguen siendo desconocidos.

Estos fenómenos subrayan cuánto queda por descubrir sobre el universo. Observatorios como LIGO y telescopios como James Webb están proporcionando datos cruciales, pero los agujeros negros y la energía oscura permanecen como recordatorios de los límites de nuestra comprensión.

3.3 El multiverso: ¿Evidencia de Dios o una alternativa científica?

El concepto del multiverso propone que nuestro cosmos podría ser solo uno entre una infinidad de universos paralelos, cada uno con sus propias leyes físicas y constantes. Esta idea ha surgido de teorías como la inflación cósmica, que sugiere que el espacio-tiempo se expande en burbujas independientes, creando múltiples universos.

Para algunos científicos, el multiverso ofrece una explicación naturalista a la precisión de las constantes universales. Si existen infinitos universos, es probable que al menos uno posea las condiciones ideales para la vida, eliminando la necesidad de un diseñador. Sin embargo, esta hipótesis también enfrenta críticas, ya que su naturaleza especulativa dificulta su verificación experimental.

Desde una perspectiva teológica, el multiverso podría interpretarse como una extensión de la creatividad divina. La existencia de múltiples universos no necesariamente excluye a un creador. Por el contrario, podría resaltar su poder e imaginación. Otros argumentan que esta idea es un intento de evitar las implicaciones filosóficas del diseño en nuestro universo.

La hipótesis del multiverso, aunque fascinante, plantea más preguntas que respuestas. ¿Es realmente ciencia, o se acerca más a la metafísica? ¿Podríamos alguna vez confirmar su existencia? Estas cuestiones nos llevan al límite de lo que podemos conocer, invitándonos a reflexionar sobre nuestra posición en el cosmos y las posibles dimensiones de la realidad.

La evolución del universo no solo revela procesos de una complejidad inimaginable, sino que también nos confronta con preguntas fundamentales sobre su origen y propósito. Desde la formación de galaxias hasta los misterios de los agujeros negros y la energía oscura, cada descubrimiento amplía nuestro entendimiento, pero también evidencia cuánto queda por explorar. El multiverso, como idea, nos lleva al umbral entre ciencia y filosofía, mostrando que la búsqueda de respuestas en el cosmos es también una búsqueda de significado.

PARTE II: LA VIDA Y SU COMPLEJIDAD

Capítulo 4: El origen de la vida

El origen de la vida en la Tierra es uno de los mayores misterios de la ciencia. Las preguntas sobre cómo surgió la vida, si fue resultado del azar en un ambiente prebiótico o fruto de un diseño intencionado, han intrigado tanto a científicos como a filósofos. Este capítulo aborda tres aspectos clave: las hipótesis sobre la abiogénesis, la complejidad del ADN y la paradoja de la información biológica.

4.1 Las hipótesis científicas sobre la abiogénesis: ¿azar o diseño?

La pregunta sobre el origen de la vida en la Tierra es una de las más fascinantes y complejas de la ciencia. ¿Fue un accidente cósmico, resultado de millones de intentos fallidos en un caldo químico primitivo? ¿O responde a un diseño intencionado, fruto de una inteligencia superior? Ambas posibilidades despiertan un interés universal, tanto en el ámbito científico como filosófico.

La abiogénesis, el proceso por el cual la vida surge de materia no viva, ha sido estudiada intensamente desde mediados del siglo XX. Un experimento emblemático es el de Stanley Miller y Harold Urey en 1953, quienes simularon las condiciones de la Tierra primitiva. Al mezclar metano, amoníaco, hidrógeno y vapor de agua, y someterlos a descargas eléctricas, lograron sintetizar aminoácidos, los bloques básicos de las proteínas. Este experimento planteó las bases para entender cómo los compuestos orgánicos esenciales podrían formarse espontáneamente.

A pesar de estos avances, quedan muchas incógnitas. El bioquímico Robert Shapiro señaló: "La probabilidad de que un sistema tan complejo como el ARN quirúrgico por azar en un entorno prebiótico es increíblemente baja. No obstante, ello no implica que debamos recurrir a explicaciones sobrenaturales; simplemente, subraya la necesidad de explorar nuevas teorías y mecanismos."

Entre estas nuevas teorías destaca la del "mundo de ARN". Propuesta en la década de 1980, sugiere que el ARN, capaz de almacenar información genética y catalizar reacciones químicas, fue el precursor de las formas de vida actuales. Sin embargo, los críticos señalan que la síntesis de ARN en condiciones prebióticas es extremadamente compleja y poco probable sin intervención externa o procesos que aún desconocemos.

Por otro lado, el diseño inteligente propone que la complejidad inherente de las moléculas biológicas es evidencia de una mente detrás del proceso. Si bien esta idea es controvertida en la comunidad científica, plantea preguntas filosóficas profundas sobre los límites del azar y la causalidad.

4.2 El ADN: la complejidad irreductible del código genético

El ADN, la molécula que contiene las instrucciones para construir y mantener la vida, es uno de los mayores misterios de la biología. Descubierto en 1953 por James Watson y Francis Crick, el ADN se organiza en una doble hélice compuesta por nucleótidos que actúan como "letras" en un código genético universal.

Lo asombroso del ADN no es solo su estructura, sino su función. Con tan solo cuatro bases nitrogenadas (adenina, timina, citosina y guanina), el ADN es capaz de codificar toda la información necesaria para construir un organismo completo. Esto equivale, en palabras del biofísico Hubert Yockey, a "un sistema de codificación más eficiente que cualquier lenguaje humano".

La complejidad del ADN ha llevado a algunos científicos a argumentar que es irreductible. Michael Behe, en su teoría de la complejidad irreductible, sostiene: "Un sistema irreductiblemente complejo es aquel compuesto por múltiples partes interactivas, todas esenciales para que funcione. Si una de estas partes se elimina, el sistema deja de operar. El ADN y los procesos moleculares que lo rodean son un ejemplo paradigmático de esta complejidad."

Los avances en biología molecular han demostrado que el ADN no solo almacena información, sino que también la copia, repara y transcribe con un nivel de precisión asombroso. Sin embargo, este sistema presenta retos para quienes intentan explicarlo únicamente a través de procesos naturales. Por ejemplo, la replicación precisa del ADN requiere enzimas que, a su vez, son codificadas por ADN. ¿Cómo pudo desarrollarse este ciclo sin un diseño previo?

4.3 La paradoja de la información biológica: ¿quién escribió el código de la vida?

El código genético es una paradoja fascinante: contiene información compleja, estructurada y funcional. Pero, ¿de dónde proviene esta información? ¿Puede surgir espontáneamente o requerir una fuente inteligente?

La información biológica en el ADN es comparable a un programa informático extremadamente sofisticado. Bill Gates lo describió como "un software mucho más avanzado que cualquier cosa que hayamos creado". Esto nos lleva a una cuestión central: la información no es materia ni energía, pero está intrínsecamente vinculada a ambas.

Los científicos que abogan por una explicación materialista sugieren que la información del ADN pudo haber surgido a través de procesos evolutivos y selección natural. No obstante, esto deja sin respuesta cómo apareció la primera molécula de ADN o ARN capaz de almacenar información funcional. Además, la teoría de la evolución no explica el origen de la información inicial, sino su transformación con el tiempo.

Por otro lado, el filósofo y matemático William Dembski argumenta que: "La información compleja específica (ICE) que encontramos en el ADN es indicativa de diseño inteligente. No existe evidencia de que procesos aleatorios puedan generar ICE a niveles observados en sistemas vivos."

El debate sobre el origen de la vida y su código sigue abierto, pero una cosa es clara: comprender cómo surgió el ADN y su información es fundamental para descifrar el enigma de la vida misma.

Capítulo 5: Biotecnología y diseño inteligente

La biotecnología ha transformado nuestra capacidad para entender y manipular la vida, llevando el debate sobre su origen y propósito a nuevos niveles. Desde el desciframiento del genoma humano hasta las posibilidades y dilemas de la ingeniería genética y las simulaciones biológicas, este capítulo explora cómo la ciencia está ampliando los límites de nuestra comprensión, mientras plantea profundas cuestiones filosóficas sobre el diseño y la trascendencia.

5.1 Descifrando el genoma humano: ¿hay un patrón divino?

El genoma funciona como una biblioteca que contiene todas las instrucciones necesarias para construir y mantener la vida. Este nivel de organización ha llevado a muchos a reflexionar sobre su origen. Francis Collins, director del Proyecto Genoma Humano, argumenta que: "El ADN puede ser visto como el lenguaje de Dios. Este sistema de información increíblemente complejo y elegante no solo nos habla de la biología, sino también del propósito."

Desde una perspectiva científica, el genoma humano es un producto de millones de años de evolución. Sin embargo, algunos patrones en su organización desafiaban las explicaciones puramente aleatorias. Por ejemplo, ciertas regiones del ADN no codifican proteínas, pero tienen funciones reguladoras esenciales. Estas "zonas oscuras" del genoma, durante mucho tiempo consideradas "ADN basura", han resultado ser claves en procesos como el desarrollo embrionario y la respuesta inmune.

El estudio del genoma también ha revelado una sorprendente interconexión entre especies. Compartimos aproximadamente el 98% de nuestro ADN con los chimpancés, lo que sugiere un ancestro común. Sin embargo, las pequeñas diferencias en el genoma parecen estar relacionadas con habilidades complejas como el lenguaje, la cultura y la moralidad. ¿Son estas capacidades el resultado de un diseño intencionado o de alguna modificación genética? Esta pregunta sigue abierta, pero invita a reflexionar sobre la relación entre ciencia y espiritualidad.

5.2 Ingeniería genética y los límites de la intervención humana

La ingeniería genética es uno de los campos más revolucionarios de la biología moderna. Con herramientas como CRISPR-Cas9, los científicos pueden editar el genoma con una precisión sin precedentes, abriendo posibilidades antes inimaginables: curar enfermedades genéticas, mejorar cultivos, e incluso alterar características humanas. Sin embargo, estas intervenciones plantean profundas cuestiones éticas, morales y filosóficas.

CRISPR, conocida como "tijeras genéticas", ha permitido editar genes de forma rápida y económica. Por ejemplo, esta tecnología se ha utilizado para eliminar mutaciones responsables de enfermedades como la anemia falciforme. A pesar de sus beneficios, los límites éticos de la edición genética han sido objeto de debate. ¿Es aceptable modificar genes para mejorar habilidades físicas o intelectuales?

Jennifer Doudna, una de las creadoras de CRISPR, advierte: "La capacidad de editar genomas plantea un poder sin precedentes, pero también una gran responsabilidad. La línea entre terapia y mejora puede ser borrosa, y debemos abordarla con cuidado."

Un caso que ilustra este dilema es el de los bebés modificados genéticamente en China en 2018. Este experimento, liderado por He Jiankui, buscaba hacer a los bebés resistentes al VIH. Sin embargo, fue ampliamente criticado por sus implicaciones éticas y la falta de consenso científico.

Además, la ingeniería genética plantea preguntas filosóficas: ¿deberíamos intervenir en procesos naturales que han evolucionado durante millones de años? ¿Estamos "jugando a ser Dios"? Estas cuestiones nos invitan a reflexionar sobre el papel de la humanidad en la biología y el respeto por los límites éticos.

5.3 Simulaciones biotecnológicas: ¿podemos replicar lo divino?

La biotecnología no solo busca comprender la vida, sino también replicarla. Uno de los avances más fascinantes en este campo es la creación de organismos sintéticos. En 2010, Craig Venter y su equipo lograron construir una célula bacteriana con un genoma completamente sintetizado en laboratorio, marcando un hito en la biología sintética.

Sin embargo, replicar la vida no es solo una cuestión técnica. La vida, tal como la conocemos, implica una compleja interacción entre información genética, procesos bioquímicos y un entorno adecuado. Incluso las simulaciones más avanzadas están lejos de reproducir esta complejidad.

Un ejemplo interesante son los intentos de crear inteligencia artificial basada sobre principios biológicos. Aunque la IA ha logrado simular procesos cognitivos y de aprendizaje, está limitada por la falta de conciencia y experiencia subjetiva. Esto lleva a la pregunta: ¿es posible que lo divino o lo vital trascienda lo físico?

En el ámbito de la biotecnología, la idea de replicar lo divino no se limita a la vida misma, sino también al entorno que la sostiene. Por ejemplo, los avances en terraformación apuntan a recrear condiciones similares a las de la Tierra en planetas como Marte. Aunque estos esfuerzos son impresionantes, también subrayan la singularidad de la vida en nuestro planeta y el delicado equilibrio que la hace posible.

George Church, uno de los pioneros en biología sintética, reflexión: "La biotecnología tiene el potencial de transformar nuestra comprensión de la vida, pero también nos enfrenta a preguntas fundamentales sobre lo que significa ser humano y nuestro papel en el universo." Y es que, aunque la biotecnología ha ampliado los límites de lo posible, todavía estamos lejos de comprender o replicar completamente la esencia de la vida. Estos avances nos invitan a explorar no solo las posibilidades científicas, sino también las dimensiones filosóficas.

Capítulo 6: La conciencia humana

La conciencia es uno de los misterios más profundos de la existencia. Este capítulo explora tres aspectos esenciales relacionados con la conciencia: la complejidad del cerebro como órgano rector, las implicaciones del libre albedrío y la moralidad, y las experiencias cercanas a la muerte como posibles indicios de una dimensión trascendental. A través de estos temas, se reflexiona sobre los límites de la ciencia y las preguntas filosóficas que surgen al intentar comprender nuestra esencia más íntima.

6.1 El cerebro: el órgano más complejo del universo

El cerebro humano, un órgano que pesa poco más de 1,4 kilogramos, es una maravilla biológica que contiene aproximadamente 86 mil millones de neuronas conectadas a través de trillones de sinapsis. Estas conexiones generan pensamientos, emociones, recuerdos y, en última instancia, nuestra conciencia. ¿Cómo pudo evolucionar un sistema tan extraordinariamente complejo?

Los avances en neurociencia han revelado que el cerebro opera como un sistema dinámico y altamente interconectado, donde cada región desempeña funciones específicas y, al mismo tiempo, colabora con otras. Por ejemplo, el lóbulo frontal está asociado con la toma de decisiones y la planificación, mientras que el hipocampo es clave para la memoria.

Sin embargo, a pesar de estos conocimientos, el cerebro sigue siendo un enigma en muchos aspectos. Como afirmó el neurocientífico Christof Koch: "El cerebro es, con mucho, el objeto más complejo que conocemos en el universo. Ninguna otra estructura, natural o artificial, se le acerca en términos de diversidad funcional y capacidad."

Un desafío importante en el estudio del cerebro es comprender cómo surge la conciencia, esa sensación subjetiva de ser y experimentar. Aunque se han identificado patrones de actividad cerebral relacionados con estados conscientes, no se ha podido explicar por completo cómo los procesos físicos generan experiencias subjetivas. Este "problema difícil de la conciencia", como lo llamó el filósofo David Chalmers, sigue siendo uno de los mayores misterios de la ciencia moderna.

6.2 Conciencia, libre albedrío y moralidad: ecos de una fuente superior

La conciencia no solo nos permite percibir el mundo, sino también reflexionar sobre él, tomar decisiones y evaluar nuestras acciones en términos de moralidad. Esto plantea preguntas fundamentales: ¿somos seres completamente libres para elegir, o nuestras decisiones están determinadas por procesos cerebrales? ¿De dónde surge nuestra capacidad para distinguir el bien del mal?

El libre albedrío ha sido objeto de debate tanto en la filosofía como en la neurociencia. Algunos estudios sugieren que las decisiones conscientes son precedidas por actividad neuronal inconsciente, lo que cuestiona la idea de una voluntad completamente libre. Sin embargo, otros argumentan que la conciencia tiene un papel crucial en la modulación y evaluación de estas decisiones.

En cuanto a la moralidad, investigaciones en neurociencia han identificado áreas cerebrales, como la corteza prefrontal, que están implicadas en juicios éticos y empatía. Sin embargo, estas bases biológicas no explican completamente por qué los humanos desarrollaron conceptos morales complejos.

Al respecto, el filósofo Alasdair MacIntyre reflexiona: "La moralidad parece apuntar más allá de la mera supervivencia biológica, hacia un propósito trascendental que subyace en la naturaleza humana."

Esta perspectiva invita a considerar la posibilidad de que la conciencia, el libre albedrío y la moralidad sean reflejos de una fuente superior o de un diseño intencionado, más allá de las explicaciones puramente evolutivas.

6.3 Experiencias cercanas a la muerte y la trascendencia espiritual

Uno de los fenómenos más fascinantes relacionados con la conciencia son las experiencias cercanas a la muerte (ECM). Estas vivencias, reportadas por personas que han estado al borde de la muerte, incluyen percepciones de luz intensa, sensación de paz, separación del cuerpo físico y encuentros con seres espirituales o familiares fallecidos.

Las ECM han sido documentadas en todas las culturas y épocas, lo que sugiere que son un fenómeno universal. Aunque algunos científicos las atribuyen a procesos neuroquímicos en el cerebro moribundo, otros consideran que podrían ser evidencia de una dimensión trascendental.

El cardiólogo Pim van Lommel, tras estudiar cientos de casos, concluyó: "Las experiencias cercanas a la muerte desafiaban nuestras concepciones tradicionales sobre la relación entre el cerebro y la conciencia. Parecen indicar que la conciencia puede existir independientemente del cuerpo."

Además, las ECM suelen tener un impacto transformador en quienes las experimentan, aumentando su sentido de propósito y disminuyendo el miedo a la muerte. Este efecto sugiere que, más allá de sus posibles explicaciones fisiológicas, estas experiencias podrían tener un significado espiritual profundo.

Resulta claro que el estudio de la conciencia humana, desde su base en el cerebro hasta sus manifestaciones más misteriosas, nos enfrenta a preguntas fundamentales sobre nuestra naturaleza y origen. ¿Es la conciencia un fenómeno puramente biológico o una ventana hacia lo trascendental? A medida que la ciencia avanza, estas cuestiones seguirán desafiando nuestras concepciones sobre lo que significa ser humano.

PARTE III: ARGUMENTOS CIENTÍFICOS Y FILOSÓFICOS

Capítulo 7: La evidencia en las ciencias naturales

La naturaleza no solo es un espectáculo de belleza, sino también un sistema complejo y ordenado que parece seguir principios intrínsecos de equilibrio y armonía. Este capítulo examina cómo la biodiversidad, la simbiosis y los patrones matemáticos en el mundo natural sugiere un diseño propio o, al menos, un orden subyacente que nos invita a reflexionar sobre el origen del universo y la vida.

7.1 La biodiversidad y la interdependencia en los ecosistemas

La biodiversidad es la base de la vida en la Tierra, un mosaico asombroso de especies y relaciones interdependientes que asegura la estabilidad y la evolución de los ecosistemas. Desde los arrecifes de coral hasta las selvas tropicales, cada organismo desempeña un papel específico en el equilibrio ecológico.

Las plantas, como productores primarios, transforman la energía solar en biomasa, alimentando así a herbívoros y carnívoros. Los depredadores, a su vez, controlan las poblaciones de sus presas, evitando la sobreexplotación de recursos. Un ejemplo fascinante es la interacción entre las abejas y las flores:

mientras las abejas recolectan néctar para alimentarse, facilitan la polinización, esencial para la reproducción de las plantas. Sin esta relación, muchos cultivos y ecosistemas colapsarían.

Edward O. Wilson describió la biodiversidad como "un tejido intrincado y frágil, donde cada especie es un hilo vital". Esta interdependencia sugiere un sistema tan ajustado que incluso pequeños cambios pueden provocar efectos en cascada. Por ejemplo, la extinción de los grandes depredadores marinos ha alterado la composición de las comunidades de peces, afectando tanto a la pesca como a los ecosistemas marinos.

Desde un enfoque filosófico, esta complejidad puede interpretarse de dos maneras. Por un lado, podría ser vista como el producto de millones de años de evolución guiado por la selección natural. Por otro, algunos argumentan que la complejidad y equilibrio de la biodiversidad reflejan un diseño intencional, una obra que requiere cuidado y conservación.

7.2 La simbiosis en la naturaleza: cooperación perfecta o diseño deliberado

La simbiosis es una de las manifestaciones más asombrosas de cooperación en la naturaleza, donde organismos de diferentes especies trabajan juntos para su beneficio mutuo. Este fenómeno no solo destaca la adaptabilidad de la vida, sino también la precisión con la que estas relaciones parecen estar configuradas.

Un ejemplo icónico es la relación entre el pez payaso y la anémona. El pez encuentra protección en los tentáculos venenosos de la anémona, mientras que esta se beneficia de los restos de comida del pez. Otro caso destacado son los líquenes, una asociación simbiótica entre hongos y algas o cianobacterias. Este sistema combinado permite a los líquenes prosperar en condiciones extremas, desde desiertos hasta regiones árticas.

Michael Denton, defensor del diseño inteligente, argumenta que estas relaciones son "una evidencia de coordinación tan precisa que difícilmente pueden explicarse como producto del azar". Sin embargo, la biología evolutiva ofrece otra perspectiva: estas interacciones han surgido a lo largo del tiempo porque maximizan la supervivencia y la reproducción de las especies involucradas.

El debate entre diseño y evolución se intensifica cuando se observan casos de simbiosis altamente especializados, como los microorganismos en el intestino humano que facilitan la digestión. Si bien la ciencia explica los mecanismos de estas relaciones, su aparente perfección sigue siendo motivo de reflexión, no solo científica, sino también filosófica.

7.3 Los fractales y patrones en la naturaleza: ¿arte de un creador?

La naturaleza es un lienzo lleno de patrones que, a primera vista, parecen diseñados con una precisión matemática. Los fractales son uno de los ejemplos más destacados de esta aparente perfección. Estas estructuras geométricas, que se repiten a diferentes escalas, pueden encontrarse en una sorprendente diversidad de sistemas, tanto en organismos vivos como en fenómenos inorgánicos. Desde las ramas de los árboles y las venas de las hojas hasta las redes de ríos y las formaciones de montañas, los fractales destacan por ser no solo hermosos, sino también increíblemente funcionales.

Benoit Mandelbrot, el matemático que popularizó el término "fractales", explicó que estos patrones no solo poseen una estética interna, sino que también representan soluciones óptimas a problemas de eficiencia y distribución. Por ejemplo, las ramas de los árboles siguen un diseño fractal para maximizar la captación de luz solar, mientras que los bronquios en los pulmones humanos se ramifican de manera fractal para optimizar el intercambio de oxígeno y dióxido de carbono. Estas estructuras permiten que sistemas complejos funcionen con eficacia, utilizando la menor cantidad de recursos posible.

Lo fascinante de los fractales es que trascienden los organismos vivos. También están presentes en formaciones inorgánicas, como los cristales, las líneas costeras, las dunas de arena y las nubes. Incluso en el cosmos, encontramos patrones similares, desde las espirales de las galaxias hasta la disposición de los cúmulos galácticos. Esto sugiere una coherencia subyacente en las leyes naturales que rigen tanto lo grande como lo pequeño.

Carl Sagan, al observar estos patrones recurrentes, expresó una reflexión profunda: "El universo parece tener un amor inherente por la simetría y el orden. Estos patrones, desde las galaxias hasta las flores, nos invitan a preguntarnos por el origen de las leyes que los rigen."

Desde una perspectiva científica, los fractales y patrones naturales son consecuencia inevitable de las leyes físicas y químicas. La formación de patrones puede explicarse mediante principios como la minimización de energía, la dinámica de fluidos y la autoorganización en sistemas complejos. Por ejemplo, los copos de nieve adoptan formas hexagonales debido a la estructura molecular del agua ya cómo estas moléculas interactúan a bajas temperaturas. La recurrencia de estos patrones en diferentes escalas sugiere que el universo sigue un conjunto de reglas subyacentes que generan orden incluso en el caos aparente.

Desde una perspectiva teológica, la existencia de estos patrones puede interpretarse como una evidencia de un creador que utiliza el lenguaje matemático para diseñar el cosmos. Para quienes defienden esta visión, la elegancia y la eficiencia de los fractales reflejan una intención detrás de las leyes naturales, un propósito que trasciende las explicaciones mecanicistas. El teólogo y matemático John Polkinghorne argumentó: "La capacidad de la naturaleza para crear belleza a través de patrones y simetría es un reflejo de un orden intrínseco que no puede reducirse únicamente a las leyes del azar."

Los fractales y patrones en la naturaleza representan una confluencia única entre ciencia y filosofía. Por un lado, son testigos del poder explicativo de las leyes naturales, capaces de generar estructuras ordenadas y eficientes. Por otro lado, plantean preguntas profundas sobre el origen y el propósito de estas leyes. ¿Son estos patrones simplemente el resultado de procesos físicos inevitables, o reflejan la mano de un creador que dejó su firma en el tejido del universo?

Estas preguntas permanecen abiertas, invitándonos a explorar no solo la estructura del cosmos, sino también su significado más profundo. Al contemplar la simetría de una flor, la complejidad de un copo de nieve o la inmensidad de una galaxia espiral, somos testigos de un universo que, ya sea por azar o diseño, parece inclinarse hacia el orden y la belleza.

Capítulo 8: Matemáticas y el lenguaje del universo

Las matemáticas han demostrado ser una herramienta indispensable para comprender el cosmos. Desde las leyes físicas hasta los patrones naturales, este lenguaje universal revela una estructura subyacente que parece característica del universo mismo. Este capítulo explora tres aspectos fascinantes de esta relación: la elegancia de las leyes físicas, la omnipresencia del número áureo y la extraordinaria eficacia de las matemáticas en la ciencia.

8.1 La elegancia matemática de las leyes físicas.

Desde la antigüedad, los matemáticos y científicos han observado que las leyes físicas pueden expresarse mediante ecuaciones elegantes y precisas. Newton, en sus *Principia Mathematica*, formuló las leyes del movimiento y la gravitación universal, revelando cómo fenómenos aparentemente caóticos, como la caída de una manzana o el movimiento de los planetas, obedecen principios simples y generales. Estas ecuaciones no solo son funcionales, sino también estéticamente bellas, reflejando lo que muchos describen como la "elegancia matemática".

En el siglo XX, Albert Einstein continuó el legado de las matemáticas como lenguaje del universo con su famosa ecuación: mi=m c2, que conectó la energía, la masa y la velocidad de la luz en una relación sorprendentemente simple. Esta fórmula no solo revolucionó nuestra comprensión del cosmos, sino que también se convirtió en un símbolo de cómo las matemáticas pueden expresar verdades fundamentales de la naturaleza. Sobre esta conexión, el físico y matemático Roger Penrose reflexionó: "La elegancia matemática de las leyes físicas no solo refleja la naturaleza del universo, sino también la profunda conexión entre la realidad y el lenguaje de las matemáticas". Esta perspectiva subraya cómo las matemáticas parecen estar inscritas en el tejido mismo del cosmos, desafiándonos a explorar su origen y significado.

8.2 El número áureo y las proporciones en la naturaleza

El número áureo, aproximadamente 1618, es un ejemplo fascinante de cómo las matemáticas se manifiestan en la naturaleza. También conocido como "la divina proporción", aparece en contextos tan variados como las espirales de los caracoles marinos, la disposición de las hojas en las plantas y las proporciones del cuerpo humano.

Un ejemplo particularmente impresionante es el de las semillas de los girasoles, que se disponen en espirales siguiendo el número áureo. Este patrón no solo es estéticamente armonioso, sino también funcional, ya que maximiza el uso del espacio disponible para el crecimiento de las semillas.

El arquitecto Le Corbusier, inspirado por esta proporción, la utilizó como base en muchos de sus diseños, argumentando que el número áureo está profundamente conectado con nuestra percepción de la belleza y la armonía. Johannes Kepler, el astrónomo del Renacimiento, expresó su admiración por esta proporción de la siguiente manera: "La geometría tiene dos grandes tesoros: uno es el teorema de Pitágoras; el otro, la división del segmento en razón media y extrema, o número áureo. El primero podemos compararlo con una medida de oro; el segundo, con una joya preciosa. "

La recurrencia del número áureo en la naturaleza y el arte plantea interrogantes profundas. ¿Es simplemente una coincidencia evolutiva, optimizada por la selección natural, o es una firma matemática de un creador que utiliza esta proporción como base para el diseño del universo?

8.3 La "incomprensible eficacia" de las matemáticas en la ciencia

En 1960, Eugene Wigner publicó un ensayo titulado *La incomprensible eficacia de las matemáticas en las ciencias naturales*, en el que exploraba una pregunta fundamental: ¿por qué las matemáticas, una creación abstracta de la mente humana, describa con tanta precisión el comportamiento del mundo físico?

Ejemplos de esta "eficacia" abundan en la historia de la ciencia. Las ecuaciones de Maxwell predijeron la existencia de ondas electromagnéticas antes de que las ondas de radio fueran descubiertas. De manera similar, las ecuaciones de Schrödinger, fundamentales para la mecánica cuántica, revelaron propiedades de la materia que los científicos apenas comenzaban a explorar.

Wigner reflexionó al respecto: "El milagro de que las matemáticas sean aplicables al mundo físico es un regalo maravilloso que ni entendemos ni merecemos. Deberíamos estar agradecidos por ello, aunque nunca lleguemos a comprender su origen."

Algunos argumentan que esta relación es una consecuencia evolutiva: los humanos desarrollaron las matemáticas como una herramienta útil para sobrevivir, y su aplicabilidad a la ciencia es una extensión de esa utilidad.

Sin embargo, otros ven en esta conexión una señal de que el universo está diseñada para ser comprendida. ¿Cómo es posible que ecuaciones abstractas creadas por la mente humana coincidan tan perfectamente con las leyes que rigen el cosmos?

La relación entre las matemáticas y el universo es un tema que trasciende la ciencia y entra en el ámbito de la filosofía y la teología. Ya sea a través de las leyes físicas, el número áureo o la extraordinaria eficacia de las ecuaciones matemáticas, el cosmos parece hablar un lenguaje universal, un lenguaje que hemos aprendido a descifrar, aunque aún no comprendemos plenamente su origen.

¿Son las matemáticas una herramienta meramente práctica o un reflejo de un orden trascendental? Esta pregunta sigue abierta, invitándonos a continuar explorando no solo el mundo que nos rodea, sino también las leyes y principios que lo sustentan. En este proceso, cada descubrimiento matemático nos acerca más al misterio del universo ya nuestro lugar en él.

Capítulo 9: Cosmología, astronomía y la búsqueda de Dios

La cosmología y la astronomía nos permiten explorar las grandes preguntas sobre el origen y propósito del universo. Este capítulo aborda tres aspectos fundamentales: la pregunta de por qué existe algo en lugar de nada, el ajuste fino de la constante cosmológica y la búsqueda de vida extraterrestre como una ventana a nuestra comprensión de la creación y la singularidad de la existencia.

9.1 ¿Por qué existe algo en lugar de nada?

La pregunta "¿Por qué existe algo en lugar de nada?" es una de las cuestiones más profundas y desconcertantes que la humanidad ha formulado. Mientras que la cosmología moderna, con teorías como el Big Bang, ofrece explicaciones sobre el "cómo" del origen del universo, el "por qué" sigue siendo un enigma que trasciende los límites de la ciencia.

En el siglo XX, los avances en física teórica confirmaron que el universo tuvo un comienzo definido hace aproximadamente 13,8 mil millones de años, descartando la idea de un cosmos eterno e inmutable. Este descubrimiento reavivó preguntas sobre la causa de este origen. Stephen Hawking, en *Breve historia del tiempo*, reflexionó: "Si encontramos una teoría completa, sería el triunfo definitivo de la razón humana, porque entonces conoceríamos la mente de Dios."

Algunos físicos, como Lawrence Krauss, han sugerido que las fluctuaciones cuánticas en un vacío primordial podrían explicar cómo algo puede surgir de la "nada". Sin embargo, esta "nada" no es un vacío absoluto, ya que depende de leyes físicas preexistentes. Esto plantea otra pregunta: ¿por qué existen estas leyes?

Desde una perspectiva filosófica y teológica, esta cuestión puede apuntar a la existencia de una causa primera o creador que trascienda el espacio y el tiempo. Este creador sería la última explicación de por qué existe algo en lugar de nada, una fuente que dota de propósito y sentido a la existencia.

9.2 La constante cosmológica: ¿un indicador de diseño divino?

La constante cosmológica, introducida por Albert Einstein en su teoría de la relatividad general, ha surgido como un tema crucial en la cosmología moderna. Inicialmente considerado un error, esta constante describe la energía del vacío que influye en la expansión del universo. Su redescubrimiento tras el hallazgo de la energía oscura, responsable de la aceleración de la expansión cósmica, ha llevado a profundas reflexiones sobre su significado.

Lo más sorprendente de la constante cosmológica es su ajuste fino. Si su valor hubiera sido ligeramente mayor, el universo se habría expandido tan rápidamente que no se habrían formado galaxias. Si fuera menor, la gravedad habría colapsado el universo sobre sí mismo. Este nivel de precisión sugiere un delicado equilibrio que parece diseñado para permitir la existencia de vida.

El físico Paul Davies señaló: "El ajuste de la constante cosmológica es tan preciso que parece como si el universo hubiera sido diseñado deliberadamente para albergar vida."

Una posible explicación alternativa es el concepto del multiverso, que propone que nuestro universo es uno entre muchos, cada uno con constantes físicas diferentes. En este contexto, nuestra existencia sería una casualidad en un universo con las condiciones adecuadas. Sin embargo, el multiverso sigue siendo una hipótesis sin evidencia directa, dejando abierta la posibilidad de que la constante cosmológica sea un indicador de diseño deliberado.

9.3 Los exoplanetas y la búsqueda de vida extraterrestre: ¿somos únicos?

En las últimas décadas, la búsqueda de exoplanetas ha revolucionado nuestra visión del cosmos. Con más de 5.000 planetas descubiertos orbitando estrellas fuera de nuestro sistema solar, muchos de ellos en zonas habitables, la posibilidad de que exista vida extraterrestre se ha convertido en un tema central en la ciencia y la filosofía.

Sistemas como TRAPPIST-1, que contiene varios planetas rocosos en su zona habitable, han suscitado un renovado interés en la posibilidad de que no estemos solos. Sin embargo, a pesar de estos avances, no se ha encontrado evidencia concluyente de vida extraterrestre, dejando abierta la pregunta de si la vida es una rareza extraordinaria o una norma cósmica.

Esta búsqueda tiene profundas implicaciones filosóficas y teológicas. Si la vida es extremadamente rara, nuestra existencia podría interpretarse como un fenómeno único con un propósito especial. Por otro lado, el descubrimiento de la vida en otros planetas ampliaría nuestra visión del cosmos, replanteando preguntas sobre la universalidad del diseño y la diversidad de la creación.

Carl Sagan reflexionó sobre el cosmos: "La exploración de los exoplanetas es una búsqueda por saber si la vida es una rareza extraordinaria o una norma cósmica. En cualquiera de los casos, el resultado será asombroso."

La cosmología y la astronomía nos invitan a reflexionar sobre preguntas que trascienden la ciencia: ¿por qué existe algo en lugar de nada? ¿Es el ajuste del universo un indicador de diseño? ¿Somos únicos en el cosmos? Estas cuestiones no solo amplían nuestra comprensión del universo, sino que también nos confrontan con el misterio de nuestra propia existencia.

Ya sea que encontremos respuestas en las leyes de la física, en la idea de un creador o en el descubrimiento de la vida en otros mundos, la búsqueda de estas verdades nos conecta con el propósito más profundo de la humanidad: comprender nuestro lugar en el vasto. y enigmático cosmos.

PARTE IV: PERSPECTIVAS Y REFLEXIONES

Capítulo 10: Ciencia y espiritualidad: ¿Conflicto o armonía?

La relación entre ciencia y espiritualidad ha sido objeto de debate durante siglos. Si bien ha habido episodios de conflicto, también existen numerosos ejemplos de colaboración y complementariedad. Este capítulo explora tres perspectivas clave: la historia de los enfrentamientos entre religión y ciencia, el papel de los científicos creyentes y el potencial de la ciencia como herramienta para explorar lo divino.

10.1 Breve historia del conflicto entre religión y ciencia

La interacción entre la ciencia y la religión ha oscilado entre la confrontación y la cooperación a lo largo de la historia. Uno de los ejemplos más emblemáticos de conflicto es el caso de Galileo Galilei, quien defendió la teoría heliocéntrica de Copérnico en el siglo XVII. Esta postura chocaba con la interpretación literal de las escrituras bíblicas predominante en su época, lo que le llevó a enfrentarse a la Inquisición. Sin embargo, este episodio no define toda la relación histórica entre ciencia y religión.

Durante la Edad Media, los monasterios fueron fundamentales para la preservación del conocimiento científico clásico. Además, figuras como San Alberto Magno y Roger Bacon contribuyeron al desarrollo del método científico, mostrando que la religión y la ciencia no siempre estuvieron en oposición.

Con la Revolución Científica, la ciencia comenzó a ganar autonomía, y esta transformación fue percibida como una amenaza por algunos sectores religiosos. Charles Darwin, con su teoría de la evolución, se convirtió en un punto de inflexión con *El origen de las especies* (1859), que cuestionaba la interpretación literal de la creación bíblica. Este debate, que sigue vivo en ciertos círculos, marcó un período de intensas tensiones.

No obstante, estas diferencias no implican que la ciencia y la religión sean incompatibles. El físico Max Planck expresó una visión reconciliadora: "La ciencia y la religión no están en conflicto, sino que se complementan mutuamente. La religión nos da el sentido del propósito, mientras que la ciencia nos proporciona los medios para lograrlo."

10.2 Científicos creyentes: cuando la fe guía la investigación

A lo largo de la historia, muchos científicos han encontrado en su fe una fuente de motivación y orientación para sus investigaciones. Isaac Newton, por ejemplo, no solo revolucionó la física, sino que también dedicó gran parte de su vida al estudio de la *Biblia*. Para Newton, el universo era una creación ordenada y racional, diseñada por un Dios lógico, lo que lo impulsó a descubrir las leyes que regían este orden.

Otro caso notable es Georges Lemaître, sacerdote y astrofísico belga que formuló la teoría del Big Bang, conocida inicialmente como la "hipótesis del átomo primigenio". Lemaître vio la ciencia y la fe como caminos complementarios hacia la verdad: "La intención del Creador no es confundirnos, sino revelarse a través del orden del universo."

En tiempos modernos, figuras como Francis Collins, director del Proyecto Genoma Humano, han defendido que la ciencia y la espiritualidad pueden coexistir. Collins ha descrito el ADN como una obra maestra de diseño, argumentando que la ciencia responde al "cómo" de la creación, mientras que la fe aborda el "porqué".

Estos ejemplos muestran que la creencia en Dios no es incompatible con el avance científico; al contrario, para muchos, la fe ha sido un motor para la curiosidad y el descubrimiento.

10.3 Ciencia como herramienta para explorar lo divino

Más allá de los conflictos históricos, muchos creen que la ciencia puede ser un medio para acercarse a lo divino. El estudio del cosmos, la biología y las matemáticas revelan un orden, una simetría y una coherencia que inspiran asombro y admiración. Estas características del universo son interpretadas por algunos como reflejos de un creador.

Albert Einstein sintetizó esta conexión al afirmar: "La experiencia más bella que podemos tener es la de lo misterioso. Es la emoción fundamental que está en la cuna del verdadero arte y la verdadera ciencia. Aquellos que no la conocen, aquellos que no pueden maravillarse, están prácticamente muertos."

La cosmología, por ejemplo, ha abierto nuevas perspectivas sobre preguntas que antes eran exclusivas de la religión. El ajuste fino de las constantes universales y la estructura del cosmos han llevado a algunos a sugerir que la ciencia ofrece indicios de un diseño inteligente. Aunque estas reflexiones no pretenden probar la existencia de Dios en términos científicos, sí plantean preguntas filosóficas profundas.

En biología, la complejidad del ADN y las interacciones entre especies en los ecosistemas también se interpretan como manifestaciones de una inteligencia subyacente. Estas observaciones no solo nos ayudan a entender la naturaleza, sino que también nos invitan a reflexionar sobre el propósito y el significado de la creación.

La relación entre ciencia y espiritualidad no tiene por qué ser conflictiva. Aunque existen diferencias en sus enfoques y objetivos, ambas disciplinas buscan respuestas a las grandes preguntas sobre el universo y nuestra existencia. Mientras que la ciencia nos proporciona herramientas para comprender el mundo físico, la espiritualidad nos conecta con las preguntas más profundas sobre el propósito y el significado de la vida.

La historia muestra que la ciencia y la religión pueden complementarse, inspirándose mutuamente en la búsqueda de la verdad. En última instancia, el diálogo entre ambos no solo enriquece nuestra comprensión del cosmos, sino también de nosotros mismos, recordándonos que la maravilla y el misterio son fundamentales para la experiencia humana.

Capítulo 11: Implicaciones filosóficas y espirituales

El progreso de la ciencia y los descubrimientos sobre el universo han planteado nuevas preguntas filosóficas y espirituales. Este capítulo aborda tres aspectos fundamentales: la interpretación de los hallazgos científicos en términos trascendentales, la relación entre fe, ciencia y moralidad, y la búsqueda de Dios en un cosmos en expansión.

11.1 ¿Pruebas o indicios? Reflexión sobre los hallazgos científicos

Los avances en la ciencia han revelado un universo gobernado por leyes precisas y estructuras complejas, lo que ha llevado a muchos a preguntarse si estos descubrimientos son indicios de una realidad trascendental o simplemente fenómenos naturales que cada uno interpreta según su perspectiva.

Los defensores del diseño inteligente destacan que la precisión de las constantes universales y la complejidad de la vida difícilmente pueden atribuirse al azar. Por ejemplo, el ajuste fino de la gravitacional constante permite la formación de galaxias y planetas, condiciones esenciales para la vida. Stephen Meyer afirmó: "El ajuste detallado del universo y la información compleja específica que encontramos en la vida apuntan hacia una inteligencia que trasciende la naturaleza."

En contraste, muchos científicos sostienen que la ciencia describe el "cómo" de los fenómenos, pero no necesariamente el "por qué". Este enfoque evita confundir los límites entre la ciencia y la filosofía, reconociendo que el significado último de la existencia pertenece al ámbito de lo metafísico. El filósofo Karl Popper explicó: "La ciencia puede explicar fenómenos, pero no puede proporcionar el significado último de la existencia".

Así, más que pruebas concluyentes, los hallazgos científicos proporcionan un marco para reflexionar sobre el universo y su posible origen trascendental. Cada interpretación depende de la perspectiva personal, ya sea científica, filosófica o teológica.

11.2 La relación entre fe, ciencia y moralidad

La fe y la ciencia abordan diferentes aspectos de la experiencia humana: mientras que la ciencia busca comprender el mundo físico, la fe intenta responder a preguntas sobre propósito, significado y moralidad. Aunque históricamente han existido tensiones, estas disciplinas también se han complementado en muchos casos.

La fe ha inspirado a numerosos científicos a abordar sus investigaciones con una perspectiva ética. John Polkinghorne, físico y sacerdote, defendía que: "La ciencia explora cómo funciona el universo; la religión explora por qué existe y qué significado tiene. Ambas perspectivas son necesarias para comprender la realidad".

En el ámbito de la moralidad, la ciencia puede describir hechos, pero no puede dictar valores. Por ejemplo, el progreso en la manipulación genética y la inteligencia artificial plantea dilemas éticos que requieren principios más allá de lo empírico. En este contexto, la fe y la filosofía ofrecen marcos éticos para guiar la aplicación de los descubrimientos científicos, promoviendo un equilibrio entre progreso y responsabilidad.

El diálogo entre fe, ciencia y moralidad nos invita a considerar cómo nuestras acciones afectan no solo el mundo físico, sino también nuestras dimensiones espirituales y sociales. Reconocer este equilibrio es esencial para avanzar con responsabilidad en un mundo en constante cambio.

11.3 La búsqueda de Dios en un universo en expansión

El descubrimiento de que el universo está en constante expansión ha transformado nuestra percepción del cosmos y nuestra relación con él. Desde las observaciones de Edwin Hubble en 1929, sabemos que el universo tuvo un comienzo y que su evolución es dinámica e impredecible. Pero, ¿qué significa esta expansión para nuestra búsqueda de Dios?

Para algunos, la inmensidad y la complejidad del universo apuntan hacia un creador trascendente que trasciende el tiempo y el espacio. Teilhard de Chardin expresó: "El universo no es solo un lugar donde habitar; es una historia en desarrollo que apunta hacia un propósito mayor."

Otros, sin embargo, ven en la vastedad del cosmos una evidencia de nuestra insignificancia. Esta perspectiva plantea preguntas sobre si el universo tiene un propósito o si la vida es simplemente un accidente cósmico. La búsqueda de exoplanetas y vida extraterrestre ha intensificado este debate. Si encontráramos vida en otros planetas, nuestras concepciones de Dios y espiritualidad podrían cambiar drásticamente. Por otro lado, si la vida es exclusiva de la Tierra, esto podría interpretarse como un signo de un propósito especial para la humanidad.

Más allá de estas preguntas, la búsqueda de Dios en un universo en expansión es una exploración profundamente personal. Cada nuevo descubrimiento nos invita a reflexionar sobre nuestra conexión con el cosmos y nuestro papel en la historia del universo. La ciencia nos revela la magnitud y complejidad de la creación, mientras que la espiritualidad nos guía en la interpretación de su significado.

Los avances científicos y la reflexión filosófica nos ofrecen una visión más rica y compleja del universo, pero también plantean preguntas que van más allá de lo empírico. ¿Es el universo un producto del azar o una manifestación de un propósito superior? ¿Cómo debemos integrar nuestras dimensiones espirituales y científicas en la búsqueda de la verdad?

Aunque estas preguntas pueden no tener respuestas definitivas, su exploración nos enriquece como seres humanos. La ciencia y la espiritualidad, lejos de estar en conflicto, pueden colaborar para ofrecernos una visión más completa de la realidad, recordándonos que el misterio y la maravilla son fundamentales para nuestra existencia.

APÉNDICES

Glosario: términos clave de cosmología, biología, teología y filosofía

Abiogénesis: Proceso hipotético mediante el cual la vida surge de materia no viva, basado en la formación espontánea de moléculas orgánicas complejas que posteriormente dieron lugar a estructuras biológicas funcionales. Ejemplo: los experimentos de Miller y Urey que simularon las condiciones de la Tierra primitiva.

Ajuste fino: Idea de que las constantes físicas del universo, como la constante gravitacional y la constante cosmológica, están calibradas con precisión para permitir la existencia de vida. Una reducción mínima en sus valores habría resultado en un universo inhóspito.

Constante cosmológica: Parámetro introducido por Albert Einstein en su ecuación de campo de la relatividad general para describir la energía del vacío y la expansión del universo. Su ajuste es fundamental para explicar la aceleración cósmica causada por la energía oscura.

Diseño inteligente: Teoría que propone que ciertos aspectos del universo y la vida son mejor explicados por una causa inteligente, debido a la complejidad irreductible y la información específica en sistemas biológicos y cósmicos. Es una perspectiva en debate dentro de la ciencia y la filosofía.

Entropía: Medida del desorden o la aleatoriedad en un sistema. En cosmología, se relaciona con la segunda ley de la termodinámica y la dirección del tiempo, explicando cómo el universo evoluciona hacia estados de mayor desorden.

MULTIVERSO: Hipótesis de que nuestro universo es solo uno entre una infinidad de universos, cada uno con diferentes características físicas y constantes. Esta idea surge de teorías como la inflación cósmica y la mecánica cuántica.

NÚMERO ÁUREO: Relación matemática (aproximadamente 1.618) presente en proporciones naturales, artísticas y arquitectónicas. Ejemplos incluyen la disposición de pétalos en flores, las espirales de caracoles y estructuras arquitectónicas clásicas como el Partenón.

TEORÍA DEL BIG BANG: Modelo científico ampliamente aceptado que describe el origen del universo a partir de una singularidad inicial extremadamente densa y caliente hace aproximadamente 13,8 mil millones de años. Este evento marcó el inicio del tiempo, el espacio y la materia.

Términos generales

FLUCTUACIONES CUÁNTICAS: Variaciones espontáneas en la energía de un punto en el espacio vacío debido a los principios de la mecánica cuántica. Estas fluctuaciones son fundamentales en la formación de estructuras cósmicas en el universo temprano.

PRINCIPIO ANTRÓPICO: Propuesta que sugiere que las propiedades del universo están ajustadas para permitir la existencia de observadores conscientes. Tiene dos versiones: el principio antrópico débil, que considera nuestra existencia como una coincidencia, y el fuerte, que lo interpreta como una necesidad.

ENERGÍA OSCURA: Forma de energía misteriosa que constituye aproximadamente el 68% del universo y es responsable de la aceleración de su expansión. Aunque no se comprende completamente, es un tema clave en cosmología.

INFLACIÓN CÓSMICA: Teoría que propone un período de expansión extremadamente rápida del universo en sus primeros instantes, explicando la uniformidad y estructura a gran escala que observamos hoy.

COMPLEJIDAD IRREDUCTIBLE: Concepto del diseño inteligente que describe sistemas biológicos compuestos por múltiples partes interdependientes que no funcionarían si alguna estuviera ausente, lo que desafía explicaciones basadas únicamente en procesos graduales.

SINGULARIDAD INICIAL: Estado teórico de densidad infinita y volumen cero donde se originaron el espacio, el tiempo y la materia en el Big Bang. Representa un límite para las leyes actuales de la física.

SIMETRÍA EN LA NATURALEZA: Patrones recurrentes que reflejan un equilibrio intrínseco en la formación de estructuras naturales, como en los fractales, las espirales galácticas o los copos de nieve, que sugieren un orden matemático subyacente.

LIBRE ALBEDRÍO: Capacidad humana para tomar decisiones independientes de determinismos físicos o biológicos. Este concepto es central en debates filosóficos, éticos y teológicos sobre responsabilidad moral y conciencia.

CAUSALIDAD: Relación entre causa y efecto que subyace en todas las interacciones del universo. En cosmología, se aplica a la pregunta de qué originó el Big Bang y las leyes físicas que rigen el cosmos.

CRONOLOGÍA:

Hitos en la exploración científica y su conexión con lo divino

Esta cronología recoge momentos clave en la interacción entre la ciencia y la espiritualidad, destacando cómo ambas disciplinas han dialogado, inspirado y desafiado mutuamente a lo largo de la historia.

1277: La condena de la Universidad de París a ciertas tesis aristotélicas. Este evento, paradójicamente, abrió camino a la exploración de ideas nuevas en cosmología, rompiendo con visiones deterministas del universo.

1543: Nicolás Copérnico publica *De revolutionibus orbium coelestium*, introduciendo el modelo heliocéntrico que sitúa al Sol en el centro del sistema solar. Este trabajo marca el inicio de la Revolución Científica, desafiando las interpretaciones literales de la cosmología bíblica.

1610: Galileo Galilei observa las lunas de Júpiter con un telescopio, demostrando que otros cuerpos celestes orbitan un centro distinto a la Tierra. Estos descubrimientos enfrentaron tensiones con la Iglesia Católica, pero también reafirmaron la idea de un universo ordenado y regido por leyes naturales.

1687: Isaac Newton publica *Principia Mathematica*, donde describe las leyes universales de la gravedad y el movimiento. Newton interpretó el universo como una máquina creada por Dios, cuyas leyes matemáticas reflejaban la racionalidad divina.

1704: Newton publica *Opticks*, explorando la naturaleza de la luz y el color. Este trabajo, aunque estrictamente científico, también contiene reflexiones sobre la creación y la acción divina en la naturaleza.

1859: Charles Darwin presenta *El origen de las especies*, proponiendo la teoría de la evolución por selección natural. Esta obra desafió las ideas tradicionales sobre la creación, pero también inspiró debates teológicos sobre la compatibilidad entre evolución y fe.

1921: Albert Einstein recibe el Premio Nobel por su trabajo sobre el efecto fotoeléctrico. Su teoría de la relatividad, aunque revolucionaria, inspiró debates filosóficos y espirituales sobre el espacio, el tiempo y la causalidad.

1927: Georges Lemaître, sacerdote y físico, formula la teoría del Big Bang, conocida inicialmente como la "hipótesis del átomo primigenio". Este modelo propone que el universo tuvo un inicio definido, abriendo nuevas reflexiones sobre el tiempo, el espacio y el acto de la creación.

1995: Descubrimiento del primer exoplaneta, 51 Pegasi b, marcando el inicio de la búsqueda de planetas fuera del sistema solar. Este hallazgo refuerza la posibilidad de que la vida no sea exclusiva de la Tierra, planteando implicaciones filosóficas y teológicas sobre la unicidad de la humanidad en el cosmos.

2013: Lanzamiento del telescopio espacial Kepler, que ha identificado millas de exoplanetas. Este avance alimenta la búsqueda de vida extraterrestre, desafiando y ampliando las concepciones tradicionales sobre el lugar de la humanidad en el universo.

BIBLIOGRAFÍA

BARROW, JOHN D., Y TIPLER, FRANK J. *El principio cosmológico antrópico*. Oxford: Oxford University Press, 1986.

COLLINS, FRANCIS S. *¿Cómo habla Dios? La evidencia científica de la fe*. Barcelona: Editorial Debate, 2007.

DAVIES, PABLO. *El enigma de Ricitos de Oro: ¿Por qué el universo es perfecto para la vida?*. Londres: Penguin Books, 2006.

DENNETT, DANIEL C. *La peligrosa idea de Darwin*. Madrid: Alianza Editorial, 1998.

HAWKING, STEPHEN. *El gran diseño*. Barcelona: Editorial Crítica, 2010.

KOONIN, EUGENE V. *La lógica del azar: la naturaleza y el origen de la evolución biológica*. Río Upper Saddle: Educación Pearson, 2011.

MEYER, STEPHEN C. *La firma en la célula: ADN y la evidencia del diseño inteligente*. Nueva York: HarperOne, 2009.

PENROSE, ROGER. *El camino a la realidad: una guía completa de las leyes del universo*. Barcelona: Editorial Crítica, 2006.

POLKINGHORNE, JOHN. *Ciencia y teología: una introducción*. Londres: SPCK Publishing, 1998.

SWINBURNE, RICHARD. *La existencia de Dios*. Oxford: Clarendon Press, 2004.

GRACIAS POR COMPRAR
ESTE LIBRO.
DESCUBRE MÁS EN
NUESTRA WEB: